(Par M. Troysson de Guinaumont,
d'après de Manne.)

QUELQUES RÉFLEXIONS

SUR

LES DOCTRINES

DU JOUR.

QUELQUES RÉFLEXIONS

SUR

LES DOCTRINES

DU JOUR;

Par M. L. D. G.

MEMBRE DE LA CHAMBRE DES DÉPUTÉS.

PARIS,

A L'IMPRIMERIE DE BÉTHUNE, RUE PALATINE, N.° 5.

1826.

PRÉFACE.

Lorsque les principes constitutifs de l'ordre social sont attaqués dans leurs bases les plus sacrées, et que cette attaque se poursuit partout avec une tenacité sans exemple, un grand péril menace la société; il est impossible de l'apercevoir sans être animé du désir de le signaler : c'est pour céder à ce sentiment que j'ai voulu montrer l'opposition qui existe entre ces doctrines antiques qui ont civilisé le monde, et ces systèmes nouveaux, qui, si on les laissoit s'accréditer, auroient pour conséquence nécessaire de porter le désordre dans toutes les institutions et de bouleverser tous les Etats.

QUELQUES RÉFLEXIONS

LES DOCTRINES

DU JOUR.

CHAPITRE PREMIER.

Du principe de l'ordre dans les sociétés.

La réunion des hommes en société est une communauté d'intérêts, de sentiments et de devoirs ; cette fusion, dans un centre commun, ne peut se faire sans sacrifices réciproques, et pour les obtenir il faut un puissant mobile.

C'est pourquoi il ne peut exister de sociétés sans lois ; lois morales pour régler la conduite privée de chacun ; lois politiques pour coordon-

ner l'ensemble de la société. Toutes ces lois constituent l'ordre social : elles sont la condition de
la stabilité des Etats, et du bonheur des individus
qui les composent.

L'ordre, en général, est la conséquence des
lois prescrites par la sagesse suprême ; il existe
naturellement dans le monde matériel par l'action directe de cette sagesse sur des éléments
purement passifs ; rien ne dérange lé cours des
astres, le retour des saisons, les lois de la végé-
tation, de la gravitation, et de tout ce qui règle
le monde physique. Comme il n'est besoin pour
l'exécution de ces lois du concours d'aucune volonté, et que c'est l'action de la puissance suprême
qui les accomplit, il ne peut y avoir de résis-
tances.

La liberté étant une condition nécessaire de
la nature des êtres doués d'intelligence, il faut,
pour faire régner l'ordre dans le monde moral,
une action morale qui influe sur les volontés ;
il faut des lois dont la raison comprenne l'obligation, des sentiments qui touchent le cœur,
et quelque chose de sacré qui remue les consciences.

La même sagesse qui a donné des lois phy-
siques à l'univers, a donné à l'homme une légis-

lation morale, en même temps que l'existence et la parole ; ces lois transmises d'âge en âge et renouvelées à différentes époques, sont la Religion.

Cette expression de la volonté divine est un principe d'action qui part de Dieu, et arrive à l'homme pour régler ses facultés suivant les lois de la sagesse.

Ainsi Dieu lui a révélé d'une manière positive sa nature, sa destination, ses devoirs, et toutes les vérités qui lui étoient nécessaires pour éclairer son intelligence et conduire sa raison.

L'homme ayant le néant pour point de départ, reçoit de ses parents la vie, la parole, la loi, la doctrine ; et cet héritage vient originairement de Dieu qui a précédé toutes les générations.

Qu'aujourd'hui l'homme enrichi des dons de la Divinité aille prétendre ne devoir qu'à lui-même tout ce qu'il a reçu, ce seroit le comble du délire et de l'ingratitude. Tout protesteroit contre une aussi étrange prétention, et pour en reconnoître toute la fausseté, il ne faudroit qu'étudier l'homme tel qu'il est créé.

En effet, dans la société tout est transmission,

rien de tout ce qui tient à l'ordre fondamental ne s'invente, tout s'apprend.

C'est pourquoi les facultés dont nous sommes doués ont eu pour caractère spécial celui de recevoir la tradition des doctrines ; ainsi la mémoire est la première de toutes les facultés de l'esprit, comme la confiance est la première disposition du cœur ; les enfants parlent avant de comprendre, ils répètent par instinct, ils imitent ce qu'ils voient faire, ils croient naturellement sur parole ; le jugement vient plus tard, et on a depuis long-temps acquis l'habitude d'obéir avant de savoir pourquoi on le fait. On appellera, si l'on veut, préjugé, cette disposition de croire avant de juger, de manière que les doctrines ont déjà la possession acquise avant que la raison soit entièrement développée ; on pourra s'affliger de voir quelquefois ce canal des traditions s'altérer, et les erreurs passer comme les maladies des pères aux enfants ; quoiqu'il en soit il n'en est pas moins vrai que ce mode est la voie naturelle par laquelle les croyances s'établissent, et il est tel parce que la vérité, ce premier don du Créateur, devoit se transmettre et non se découvrir ; ce seroit vouloir en priver les hommes, si, sous prétexte de les dégager de l'influence des préjugés, on vouloit ne leur laisser pour l'ob-

tenir d'autre moyen qu'une puissance aussi se-
condaire que celle de la raison ; ses adorateurs
exclusifs ne nous ont que trop prouvé son insuf-
fisance en nous donnant un exemple des écarts
où elle se jette toutes les fois qu'elle veut s'isoler
de son guide.

C'est en Dieu que se trouve le principe de vie
du monde moral ; c'est de lui que tout émane,
l'autorité qui commande, la raison suprême à laquelle toutes les autres raisons doivent se soumettre, la vérité qui nous éclaire, la loi qui fixe
tous nos devoirs.

Cette législation qui comprend tout, qui règle
les paroles, les actions, et jusqu'aux désirs et
aux pensées, ne peut évidemment avoir de force
que par la conviction où l'on est qu'elle émane
directement de Dieu, de celui qui est la vérité
éternelle, la sagesse suprême, dont la toute puissance a créé le monde, dont la Providence le
gouverne, qui voit tout jusqu'aux plus secrètes
pensées, qui récompensera la fidélité et punira
la rébellion.

Une telle obligation d'obéir ne pouvoit manquer d'irriter ces caractères indisciplinés qui ne
veulent supporter aucun frein.

C'est pourquoi il y a toujours eu des ennemis.

de l'ordre qui détestaient ce frein, et cherchoient tous les moyens possibles de le briser.

Ces moyens se réduisent à deux principaux : nier l'existence de Dieu, ou prétendre qu'il n'est pas l'auteur de la loi.

Dans tous les siècles, ceux qui vouloient professer ces doctrines, qui étoient celles des libertins et des gens déhontés, ont toujours été frappés de réprobation par l'opinion. Il étoit réservé à ces derniers temps, où l'on possède au suprême degré l'art de la déception, et où l'expression de la pensée s'est prostituée à la défense de toutes les erreurs, à l'apologie de tous les crimes, de convertir en doctrine le principe du désordre, et de couvrir sous des systèmes astucieusement présentés des combinaisons imaginées dans les intérêts de la licence et de l'anarchie. Il leur étoit surtout réservé de combler la mesure du déréglement en portant l'audace jusqu'à prétendre que le principe de l'ordre étoit une jonglerie, la fidélité une duperie, la révolte un droit, et même le plus sacré des devoirs, puisqu'elle auroit pour objet d'affranchir le monde du joug de doctrines qui exerçoient sur lui-même une domination usurpée.

Le désordre le plus complet devoit résulter

du plus grand de tous les attentats, de celui par lequel on ôtoit à Dieu l'initiative sur le monde moral, afin de paralyser le principe de l'ordre.

Dès-lors, et par le fait même, il dut s'opérer une subversion systématique de toute l'organisation sociale ; l'homme, en voulant usurper toutes les prérogatives d'un ordre supérieur, prétendit substituer sa raison à la sagesse éternelle, et mettre au premier rang ce qui étoit au second. Par une conséquence nécessaire de cette même subversion, la majesté royale fut dépouillée de ce caractère sacré qui la rend inviolable, et l'on voulut aussi que le principe d'action des gouvernements eût sa source et son mobile dans la volonté du peuple. Toutefois en paroissant faire à la multitude cet hommage trompeur des dépouilles sacrées, les ennemis du pouvoir n'avoient d'autre but que celui de se le partager. Tout se faisoit au nom du peuple, mais rien pour lui.

Jamais l'action de Dieu ne se montra plus à découvert que dans le moment où l'on avoit osé la mettre en doute ; cette raison sacrilége usurpatrice des autels, repoussée par la vengeance divine, fut précipitée dans le sang et la fange des révolutions, et tout l'ordre social dont on avoit voulu lui donner la direction exclusive, tomba dans la plus épouvantable de toutes les combustions.

CHAPITRE II.

Des revolutionnaires et de leurs doctrines.

J'appellerai donc révolutionnaires les sectateurs de ce système d'opposition à l'ordee social tout entier, pour lesquels la soumission semble une servitude, qui haïssant toute autorité dont ils ne disposent pas, conspirent sans cesse contre le pouvoir afin de le déplacer, de s'emparer des postes principaux, et de bouleverser tout ce qui existe, en un mot de faire une révolution.

Vouloir nier le principe de l'ordre a été la première disposition de l'esprit de rebellion ; on a donc d'abord voulu nier Dieu.

A mesure que l'on s'est avancé dans cette voie, on a vu combien elle était difficile à tenir, que l'athéisme étoit une absurdité, et qu'avec un pareil systême, il étoit impossible de se faire une majorité, chose indispensable lorsqu'il s'agit d'opérer par l'impulsion des masses.

On a donc déguisé cette assertion, et l'on s'est revêtu d'une apparence de religiosité pour séduire ces hommes superficiels qui ne creusent jamais jusqu'au fond des questions, et dont le nombre est si prodigieux.

Comme on n'avoit nié Dieu qu'à cause de sa loi, dont on vouloit s'affranchir, de sa religion, qui consacroit la loi, de sa révélation, qui constituoit la religion, peu importoit de reconnoître l'existence d'un être suprême, pourvu qu'on niât toute espèce de révélation de sa part.

On bâtit donc un système dans lequel on prétendit que Dieu étoit trop élevé au-dessus des hommes pour s'occuper d'eux, et, par une voie inverse de celle qu'on avoit suivie jusqu'alors, au lieu de nier la divinité, on parut exalter ses perfections, et faire les plus grandes concessions à l'esprit religieux; mais en définitif on parvint au but que l'on vouloit atteindre, lequel consistoit à déplacer le principe d'action en enlevant à Dieu l'initiative sur le monde moral pour la donner à l'homme; et, sans avoir égard aux effroyables conséquences qu'un pareil attentat devoit avoir pour le genre humain, on voulut marcher dans cette direction, et s'y ouvrir une voie nouvelle en abattant tout ce qui pouvoit faire obstacle. La constitution des sociétés se trouvoit là, l'ordre religieux, l'ordre politique; on ne pouvoit faire un pas sans tout démolir : n'importe, on vouloit faire une révolution.

On tira donc les conséquences des principes que l'on avoit posés ; du moment qu'il n'y avoit plus de révélation, la religion qui en reconnoissoit une étoit une superstition, ses prêtres n'étoient que des imposteurs dignes de la haine de tout ami de la vérité, ses sectateurs, des fanatiques, objets du mépris de tout homme éclairé ; le genre humain se trouvant asservi, il falloit le délivrer du joug des préjugés, briser tous ses liens, proclamer sa liberté, son indépendance ; les rois, par cela même qu'ils empruntoient de la religion révélée tout ce que leur personne avoit de sacré et leur autorité d'obligatoire pour les consciences, n'étoient que des tyrans qui abusoient de la crédulité des peuples, et les complices des prêtres ; par suite tout sujet fidèle à son roi étoit un ennemi du peuple ; de là ces cris : à bas la religion, périssent les tyrans, les aristocrates, les prêtres ; de là, les sermens de liberté, d'égalité, de haine à la royauté ; de là, les échafauds, les noyades, les fusillades, les proscriptions, les confiscations ; en un mot, la révolution.

Il ne faudroit pas d'autre réfutation du systême qui l'enfanta que les horreurs qui en furent la conséquence.

Toutefois ce systême n'est point encore abandonné aujourd'hui; on blâme les actes de la révolution; mais on en professe les principes, et on marche vers le même but par des voies plus détournées. Quoiqu'on nie le principe divin de la religion, on en conserve le mot pour qualifier un certain hommage bénévole qu'il est loisible aux hommes d'adresser à la divinité; on substitue ainsi, pour faire illusion aux êtres superficiels, un sentiment vague au plus sacré de tous les devoirs.

Du moment que la révélation, ce principe de vie de toute législation morale, est méconnue, la société est frappée à mort. C'est une branche séparée du tronc qui la vivifioit : elle ne peut plus que se flétrir et sécher. Il n'est donc pas étonnant que l'époque où l'on voudroit mettre en doute une question aussi vitale devienne celle de grandes commotions. En effet admettez un instant cette supposition, et vous verrez le monde moral se bouleverser, le doute l'obscurcir, le désordre, l'anarchie, l'esprit d'indépendance et de rebellion le déchirer, et, au milieu de l'obcurité de cette effroyable tempête des passions déchaînées, tous les éléments de la civilisation du genre humain s'entrechoquer et se détruire. C'est Dieu qui est le principe de l'ordre dans le monde moral comme dans le monde physique : si son nom ne se trouve plus à la tête de la constitution sociale, comme la raison suprême des lois et des doctrines, il n'y a plus rien de supérieur à l'homme, rien de digne de lui commander, rien de sacré, rien de certain, rien qui doive mériter sa confiance. Réduit à lui-même, ses connoissances ne peuvent s'étendre au-delà des investigations de ses sens ; c'est en vain qu'il les interrogera sur sa nature, sur son avenir, l'accès du monde moral lui est fermé ; privé de lumière, il s'agite en vain dans tous les sens, il est maudit par l'acte même de sa révolte ; tout ce qu'il a voulu enlever au principe de vie s'anéantit entre ses mains, et disparoît. Repoussant Dieu de la société pour y être seul et indépendant, le fruit de ses œuvres sera le néant. Néant dans tout ce qu'il voudra fonder, néant dans ses doctrines, néant dans ses espérances ; un doute universel sera son élément, et si, dans la crainte des vengeances du Dieu qu'il a méconnu, il fait des vœux pour l'anéantissement de son être, il doutera encore de leur accomplissement, et ce doute fera le supplice de son heure dernière.

Lorsque le principe vital des sociétés est ainsi paralysé par le doute, l'anarchie est inévitable. En effet, supposer que l'autorité de l'homme puisse avoir quelque force lorsque celle de Dieu a été méconnue, ce seroit prétendre opposer un atôme au torrent qui auroit bouleversé le monde moral. Que fera-t-on dans ce moment d'agonie pour sauver la société? Invoquera-t-on encore le nom de la Divinité? Mais du moment que l'on nie la révélation, tout rapport supérieur est rompu, ce que l'on veut nommer religion n'est plus qu'un mot sans réalité; c'est un système sorti du cerveau d'un songeur, une opinion que chacun a le droit d'admettre ou de rejeter. A quel titre en effet un homme pourroit-il imposer une semblable obligation à un être de même espèce que lui, qui a aussi sa raison et son jugement, et se regarde comme une puissance égale à celle qui voudroit s'arroger le droit de lui commander?

A la place de la puissance morale que l'on a détruite, il ne peut donc plus se trouver que l'anarchie ou la puissance physique toute seule, c'est-à-dire la loi du plus fort, et c'est ordinairement cette dernière qui prévaut. Car l'anarchie étant un contre sens, ne peut durer ; tôt ou tard il s'élève du milieu des multitudes une unité qui les domine, et qui, pour s'emparer du pouvoir, profite de ces dispositions natives que les hommes créés pour obéir ont reçues pour suivre une impulsion quelconque. La fatigue des excès de la licence fait sentir le besoin d'une autorité et y ramène toujours ; on n'espère de repos que près d'elle ; on saisit alors comme une ancre de salut la première qui se présente, et l'on s'y attache, si peu légitime qu'elle soit, si tyrannique qu'elle puisse devenir.

Il ne peut y avoir de stabilité dans les constitutions, de sûreté pour un pays, de liberté bien ordonnée, de gouvernement vraiment paternel que dans une société dont la Religion est le lien ; autrement dans un état de choses tel que les révolutionnaires voudroient l'établir, un gouvernement ne pourroit se soutenir qu'en s'entourant de toutes les rigueurs du despotisme et de l'arbitraire. Du moment que l'homme veut se soustraire à ce reflet de la Divinité qui fait tout son éclat et son lustre, il s'assimile aux animaux et ne peut plus être gouverné que comme eux par une verge de fer.

CHAPITRE III.

Haine des révolutionnaires contre la Religion catholique.

Le principal objet de la haine des révolutionnaires, l'objet spécial de toutes leurs attaques directes ou indirectes, est la Religion catholique, parce qu'elle est la Religion révélée, maintenue dans toute son intégrité, et surtout parce qu'elle est régie par une autorité qui veille à sa conservation. Les autres communions chrétiennes n'étant que des fractions de la même Religion, dont on a retranché tel ou tel dogme, telle ou telle pratique . et surtout le lien de l'autorité, obtiennent par cela même la préférence en toute rencontre, non que l'on en veuille davantage, puisqu'elles sont fondées sur le principe réprouvé de la révélation ; mais parce que moins on veut de Religion, plus il est politique de préférer les fractions à l'entier (c'est toujours un acheminement vers la démolition), et que la rupture du lien de l'autorité, de ce principe de vie et de durée pour toute société est de la plus haute importance pour quiconque veut détruire.

On a donc juré haine à tout ce qui constitue la Religion catholique. Ses dogmes, ses préceptes, ses pratiques, ses mystères, ses miracles, son chef, ses ministres; ses congrégations religieuses sont également réprouvées, et si l'ensemble n'est plus attaqué aussi ouvertement qu'aux jours de triomphe de la révolution, c'est que la politique commande une marche plus cauteleuse.

Ainsi on paroît honorer la Religion de l'Etat, et on saisit toutes les occasions d'en saper les fondements en attaquant ses ministres et tous ceux qui lui sont plus particulièrement dévoués. S'il existe des institutions où l'éducation de la jeunesse soit plus chrétienne, il importe surtout de leur opposer d'autres méthodes, et de chercher à vexer ou à détruire, si l'on peut, toute corporation religieuse, qui surnageant après les désastres de la révolution, viendroit se montrer comme une planche après le naufrage. La fureur qui s'exhale contre ces misérables débris indique assez la nature du système que l'on paroît avoir adopté de déchaîner l'opinion contre tout ce qui pourroit ranimer l'esprit de Religion. Partout où l'on remarque quelque chose qui tendroit à réveiller les peuples de cet état de torpeur et d'insensibilité, on fait tomber le venin des révolutionnaires; partout où l'on voit des personnes vivement émues des maux qui menacent leur pays, chercher à réchauffer le principe de vie, et à contrebalancer l'action de ses ennemis, on sonne l'alarme de toutes parts, et au signal donné, toute l'artillerie des journaux et des pamphlets se décharge sur les objets que l'on désigne à la haine publique. Ici ce sont des associations pieuses créées dans les intérêts de la société pour le soulagement de toutes les infortunes, dont on calomnie les intentions ; là ce sont des aumônes destinées à la propagation de la foi, que l'on présente comme d'immenses capitaux dont l'emploi pourroit inquiéter le gouvernement ; mais ce qui excite surtout la fureur des révolutionnaires, et même des voies de fait de leur part, ce sont ces cours publics et populaires de la morale et des vérités chrétiennes, appelés Missions, devenus nécessaires pour arrêter les ravages que l'impiété et les mauvaises doctrines ont faits dans le peuple depuis la révolution ; aussi le parti cherche-t-il à en contrarier les effets par tous les moyens possibles ; en un mot tout ce qui a pour mobile le principe qu'ils réprouvent, celui de la foi, est devenu un objet de haine, et c'est un devoir pour tous les adeptes de lui susciter des oppositions de tous les genres.

CHAPITRE IV.

Haine des dynasties catholiques.

L'objet de tous les efforts étant la rupture du lien de la société ecclésiastique par un schisme, il importe surtout de déplacer les dynasties favorables à la Religion catholique, et toutes celles qui éclairées sur les complots des révolutionnaires, se sont unies entre elles dans les intérêts d'une commune défense.

Pour parvenir à ce résultat, il faut commencer par démolir les trônes peu à peu en faisant prédominer les doctrines qui tendent à placer dans le peuple le principe d'action du gouvernement, et se servir de cette action pour restreindre l'autorité royale et s'emparer du pouvoir.

Ainsi, sous les vains dehors d'une popularité dont on exagère toutes les expressions pour flatter la multitude, on n'a d'autre but que de diriger des masses contre les remparts des monarchies, comme ces catapultes que l'on poussoit autrefois contre les murailles des villes qu'on assiégeoit.

On exalte la puissance de l'opinion, on fait de cette prétendue reine du monde une espèce de déité ; mais le culte que lui décernent ses adorateurs, ressemble beaucoup à celui que les prêtres du paganisme rendoient à ces idoles dont ils ne vénéroient tant les oracles que parce qu'ils étoient leur ouvrage.

Objet exclusif des hommages de ceux qui n'adorent pas d'autre Dieu, l'opinion est l'idole de ceux qui aspirent au pouvoir, parce qu'ils espèrent la créer et gouverner le monde par son moyen ; aussi veut-on la douer de l'omnipotence.

Il sembleroit qu'une des fonctions essentielles du gouvernement devroit être d'exercer son influence sur l'opinion ; mais c'est précisément ce principe d'action que les ambitieux veulent enlever au pouvoir religieux et au pouvoir politique, pour le mettre entre leurs mains, et en faire un principe hostile dirigé contre tous les pouvoirs de la société.

De là vient l'importance qu'ils attachent à la liberté illimitée de la presse.

La presse est une puissance nouvelle dont on n'a pas encore pu calculer les forces.

Lorsqu'on écrivoit peu, et qu'on ne lisoit que pour acquérir des connoissances, les hommes studieux seuls avoient du goût pour la lecture. Alors les écrits n'avoient pas une grande in-

fluence sur la société; l'enseignement oral des vérités religieuses faisoit partout pencher la ba-
lance ; mais depuis que l'art d'écrire est devenu
une spéculation qui n'est bonne qu'autant qu'on
sait amuser ses lecteurs et flatter leurs passions,
depuis que les romans se sont multipliés, que des
milliers de brochures inondent la société, que
des proclamations journalières , infectées des
doctrines révolutionnaires, sont la lecture habi-
tuelle d'un nombre infini de personnes, l'enseignement oral se trouve débordé, et les doctrines
anti-sociales qui arrivent par tous ces canaux
font d'effrayans progrès.

Pour la répression de ce mal nouveau et jusqu'alors sans exemple, les gouvernements ne
peuvent se régler sur aucun précédent. Ils n'ont
aucune donnée pour calculer d'une manière positive la force du mal qu'ils ont à combattre, et
dans cette situation tout-à-fait nouvelle, il leur
faut inventer une législation contre laquelle les
agitateurs ne peuvent manquer de donner les plus
fortes préventions.

La licence de la presse est, en effet , une question vitale pour la révolution. C'est un poste que
ses adeptes doivent défendre avec l'acharnement
le plus vif, car de là dépend leur triomphe ou leur
défaite. Aussi font-ils considérer comme le plus sa-

cré des droits celui d'exercer dans toute sa latitude
une faculté destinée à démolir tous les pouvoirs,
et s'efforcent-ils de multiplier et de propager
toutes les productions qui peuvent conduire à
ce but.

les journaux étant une espèce de cours conti-
nuel de doctrines religieuses et politiques, la
propriété d'un certain nombre de feuilles pério-
diques est un point capital pour les novateurs, et
pendant que les amis de l'ordre se contentent de
gémir du progrès des mauvaises doctrines, ceux-
ci redoublent d'activité, et font servir les courriers
mêmes du gouvernement à faire circuler partout
le venin de leurs écrits.

Propager l'esprit d'irréligion et de mécontentement, présenter les faits sous une couleur
fausse ou artificieuse, protéger ses amis, attaquer
ses ennemis, faire considérer le pouvoir royal
comme une puissance hostile contre laquelle on
doit toujours se tenir en garde, chercher à restreindre toutes ses prérogatives, accueillir l'opposition, de quelque nature qu'elle soit, sous
telle couleur qu'elle se montre, se présenter
comme les protecteurs des peuples et des libertés publiques, chercher à égarer l'opinion, et à
mettre les pouvoirs de la société en opposition

avec celui du Roi, voilà le but de tous les écrits révolutionnaires.

CHAPITRE V.

Politique des révolutionnaires.

La société est un ensemble dans lequel les termes moyens constituent assez généralement la majorité, et les extrêmes, la minorité.

Ce qui est pervers dans ses voies se masque toujours, surtout dans le commencement, et il ne peut jamais se former de mauvaises majorités pour faire des révolutions sans l'accession d'un certain nombre de gens qui jouissent de l'estime publique, et secondent les projets des malveillans. A mesure qu'ils s'avancent dans la mauvaise voie, ces malheureux reconnoissent leur erreur, et s'en retirent; mais il est trop tard, l'impulsion est donnée, et la troupe séditieuse fait feu sur ses déserteurs.

Une secte comme celle des révolutionnaires, étant surtout aussi déconsidérée qu'elle l'est aujourd'hui par ses précédents, ne peut se trouver bien nombreuse; elle ne peut acquérir quelque force que par des affinités placées hors de son cercle , et c'est à en tirer profit que consiste toute la politique du parti.

Il importe donc de propager et de faire adopter , sinon le système entier, au moins tous les principes d'opposition qui peuvent le favoriser; cela s'obtient facilement à l'aide de ces mécontents dont le nombre est toujours si grand, de ces discoureurs systématiques qui se délectent à débiter des théories sans trop calculer où en mènent les conséquences, enfin par cette foule inconsidérée, écho irréfléchi de tout ce qui fait bruit, composée en majorité de gens à vues courtes, d'un caractère rétif, toujours en garde contre l'autorité, et qui croient qu'il n'y a pas de rôle plus honorable dans la société que celui de l'opposition.

Dans cette espèce d'armée, alliée sans alliance, unie sans unité de doctrine; liée sans affection , il y a des postes pour tous les goûts, et l'on y prodigue cette faveur populaire du jour que les amateurs prennent pour de l'immortalité. Tout sert au parti, et les attaques de celui-ci contre tel ou tel ministre, et la haine de celui-là contre telle corporation religieuse, et les dénigrations de ceux-là contre telle mesure du gouvernement, et les intrigues des ambitieux, et le courroux des mécontents ; enfin quelle que soit la nuance des opinions, tous s'entendent pour préconiser et défendre les moyens d'aggression, contre les divers pouvoirs de la société, parce que tous ont un objet particulier de haine et quelque chose qu'ils veulent renverser.

L'essentiel est que chaque batterie soit dirigée sur un des points qu'on a résolu d'attaquer ; le grand art des révolutionnaires consiste à se servir de tous ces auxiliaires, à les ménager avec adresse, à les flatter, et bien qu'il y en ait d'opinions différentes, toutefois, comme on s'entend pour faire *hourra !* tous ensemble, on a l'air, par le bruit que l'on fait, de former une masse imposante

Leur tactique consistant à déconsidérer le pouvoir et à déverser le blâme sur ses actes, c'est contre les grands fonctionnaires qu'il faut dresser ses principales batteries.

Une attaque qui seroit dirigée trop ouvertement contre le Roi lui-même se feroit avec trop de désavantage ; il faut de la gradation dans les entreprises, surtout dans celles qui exigent une marche lente et calculée ; mais le Roi ayant déposé entre les mains de ses agents la plénitude du pouvoir, c'est là qu'il convient de porter tous ses coups. C'est ainsi qu'en sauvant les formes on compte arriver au résultat que l'on désire. Il s'agit d'abord d'accoutumer les peuples à considérer comme haïssable et hostile le pouvoir qui leur commande, et à faire des vœux pour son renversement.

Ici les belles théories ne manquent pas, quelle que soit la douceur d'un gouvernement, et la liberté dont on jouit ; on a soin de faire grand bruit des abus de pouvoir, de l'arbitraire, des anticipations prétendues de l'autorité sur les libertés publiques ; et, sous couleur d'une popularité toute philahthropique, on exalte les passions de la multitude dans l'intention de lui faire exercer sur le pouvoir une action tout-à-fait révolutionnaire.

Sans doute l'opinion du jour peut et doit se manifester, mais ce doit toujours être avec la modération et les égards dus à tout ce qui exige le respect ; jamais elle ne doit avoir la prétention de gouverner : c'est au chef de l'état à juger si elle a tort ou raison. La première de toutes les libertés, celle qui est la plus précieuse pour les peuples, c'est la liberté dont un prince doit jouir pour gouverner suivant ce que sa conscience lui dicte, et souvent, ce dont il a le plus à préserver ses peuples, c'est de leurs propres écarts.

Sans doute les dépositaires de l'autorité, quels qu'ils soient, pourront faire des fautes, et plus on les placera dans des positions difficiles, plus ils seront exposés à en commettre; le privilége de ne jamais se tromper n'existe pour personne; mais il faut opter entre un gouvernement avec quelques défauts, et l'anarchie avec ses horreurs.

Et à qui voudroit-on confier cette suprême dictature sur le pouvoir royal? à des écrivains à gage, à des gens à spéculations, à des démolisseurs de la société. Ce seroit une masse soulevée par de semblables moteurs, et susceptible des impressions les plus irréfléchies, que l'on voudroit établir comme contre-poids au pouvoir royal, à ce pouvoir qui pondère tout dans la société! et l'on souhaiteroit à ce levier une puissance telle qu'elle pût déplacer l'autorité! Croit-on que ceux entre les mains desquels elle se trouveroit ensuite ne feroient pas des fautes à leur tour? et s'ils en font, par quel privilége ne subiroient-ils pas le même sort que leurs prédécesseurs ? Toute réaction est un effet naturel des mouvements populaires, et cet effet est d'autant plus irrésistible qu'une fois la digue rompue, rien ne peut plus arrêter le torrent. Le pouvoir ne seroit bientôt plus qu'un objet de dérision, et les révolutionnaires, au comble de leurs vœux, trouveroient enfin l'occasion de s'emparer du pouvoir.

Mais une fois leurs desseins accomplis, on peut bien être assuré que ce ne sera plus de leur part le même langage, ni les mêmes doctrines; ils se hâteront de briser la puissance populaire qu'ils auront soulevée, de peur qu'elle ne serve à d'autres de marche-pied pour s'élever. Pour quiconque ne croit pas, tout principe est un instrument que l'on prend ou que l'on quitte au besoin; l'art d'éblouir avec des sophismes n'est qu'un jeu; on ne l'emploie que pour gagner la partie, dont le pauvre peuple, dupe des intrigants et des ambitieux, paie toujours les frais.

L'expérience devroit avoir appris que tout ce qui tend à exciter les passions de la multitude est contraire à son bonheur. Les écrits irritants sont une liqueur forte qui enivre et porte à des excès. Le goût pour tout ce qui est caustique devient un besoin; on trouve ennuyeux et froid tout ce qui calme l'agitation, tout ce qui tend à remettre dans l'état naturel, dans l'ordre.

Un gouvernement constitué dans les vrais intérêts du peuple devroit pouvoir régler le corps social, et le préserver de ce genre d'ivresse dans laquelle ceux qui cherchent à le débaucher voudroient le plonger habituellement. Par malheur, ceux qui flattent les passions sont toujours écoutés ; on prend leur parti avec chaleur, et on regarderoit comme un abus de pouvoir, comme un attentat contre la liberté, tout acte qui les réduiroit au silence.

Et l'on voudroit persuader à une multitude dans laquelle règne une tendance aussi déréglée, que l'expression de ses volontés doit faire la loi ! On voudroit l'affranchir de toute autorité supérieure religieuse et politique, et lui confier le principe d'action sur elle-même ! Vraiment de telles prétentions décèlent trop clairement les intentions de ses meneurs.

« Tout flatteur, quel qu'il soit, dit Bossuet
» (5.ᵉ *avertissem. aux protest.*, §. 31.), est
» toujours un animal traître et odieux ; mais s'il
» falloit comparer les flatteurs des rois avec ceux
» qui s'en vont flatter dans le cœur des peuples
» ce secret principe d'indocilité et cette liberté
» farouche qui est la cause des révoltes, je ne
» sais lequel seroit le plus honteux. »

CONCLUSION.

La raison et la vérité sont les deux puissances morales qui doivent gouverner la société.

On les cherche en vain dans les hommes ; elles ne sont qu'en Dieu : l'obéissance à sa loi peut seule mettre l'ordre ici-bas, et satisfaire à nos besoins moraux.

Ainsi cette sagesse que l'on exige dans les autres avec si peu d'indulgence, dont on se dispense avec tant de légèreté, et que l'on voudroit toujours rencontrer dans les êtres revêtus du pouvoir, ne s'y trouvera qu'autant qu'ils seront soumis à cette loi de Dieu qui est l'équité même, et les peuples n'en éprouveront les bons effets qu'autant qu'ils respecteront, comme venant de Dieu, cette autorité suprême, et qu'ils y demeureront religieusement soumis.

Religion dans les princes, religion dans les peuples, voilà l'ordre social.

De même on ne trouvera la vérité que l'on cherche que quand on s'attachera aux doctrines révélées : tant que l'on voudra les séparer de Dieu et de sa parole, on s'égarera.

La foi est l'ordre dans les doctrines comme la loi est l'ordre dans la conduite : de là cette expression vulgaire qui sert à caractériser le comble du déréglement, lorsque l'on dit d'un homme, qu'il n'a *ni foi ni loi.* Si la religion manque dans les princes ou dans les peuples, telle combinaison de constitutions que l'on veuille chercher, on tombera toujours dans un désordre. En effet sans la religion qui associe la justice au pouvoir, et qui oblige le sujet de se soumettre à ses décisions, il n'y auroit plus que tyrannie ou anarchie.

Les dépositaires du pouvoir étant des hommes, il ne faut pas s'attendre à voir tous leurs actes empreints du sceau de la raison; si cela étoit, l'obéissance ne seroit pas une vertu, elle ne seroit que l'assentiment que l'on donne naturellement à tout ce qui est juste et bon.

Comme il ne peut jamais y avoir de civilisation sans sacrifices réciproques, il n'y a pas de gouvernement bien constitué sans une force d'obéissance que rien ne puisse ébranler.

Au lieu de cela on voit tous les jours s'affoiblir les qualités morales qui fondent les sociétés. La charité qui est la base de la Religion, a disparu avec cette fille des cieux, et a laissé un vide immense dans les cœurs ; la société se trouve attaquée d'un malaise universel ; un esprit de mécontentement, d'inquiétude et de méfiance la dévore ; on ne croit plus à rien de ce qui est bon, on voit le mal partout ; les sentiments les plus doux, ceux qui font le bonheur de la société, ne s'aperçoivent plus ; on est dégoûté de tout, impatient, précipité dans ses jugements, prompt à blâmer; il y a dans les habitudes quelque chose de sombre et de triste , c'est ce vide du néant, c'est cet ennui de la vie qui la rend insupportable et qui porte à en abréger le cours. L'âme desséchée est toujours prête à s'allumer et à devenir la proie d'un feu dévorant. Avec de tels éléments, les principes des révolutionnaires ne peuvent manquer de faire de grands progrès surtout lorsqu'ils flattent les passions et qu'ils rencontrent dans les esprits cette haute opinion de soi-même, qui rend si tranchant dans toutes les hautes questions de Religion , de morale, de politique et de législation.

Tant que l'on verra dans le corps social ces symptômes de désorganisation , il sera en proie à de fréquentes convulsions, et ne recouvrera son repos que quand les principes fondamentaux auront recouvré leur empire.

L'ordre émane de l'unité et tend à y ramener tout par le sacrifice que chacun doit faire de son sens privé et de ses passions ; quels que soient toutefois les avantages qui doivent résulter de cette fusion pour chaque particulier, c'est un sacrifice qui ne peut être obtenu que par le plus puissant de tous les mobiles  par la Religion.